CW01628778

Tristany i Isolda

Tristany i Isolda

Anònim medieval

Versió de Pere Danès i Montserrat Morera

Castellnou
EDICIONS

Castellnou Edicions Telèfon d'atenció al professorat: 934 961 400

Direcció editorial: Xavier Blanch

Coordinació editorial d'àrea: Clàudia Sabater
Traducció: Clara Cardelús
Edició: Esther Fuster
Correcció lingüística: Violant Juan
Adaptació a la Lectura Fàcil: Eugènia Salvador i Marisa Pérez

Coordinació de la preproducció: Xènia Tomàs
Disseny de coberta: Dani Obradó
Disseny gràfic interior: Isabel Estrada i Georgina Marin
Maquetació: Isabel Estrada
Il·lustracions: Raúl R. Allén

Coordinació de la producció: Manel Rodríguez
Filmació: Pedro Rodríguez

© Hermes Editora General, S. A. – Castellnou Edicions, 2005
© Pere Danès i Montserrat Morera, 2005, per la versió adaptada
© Raúl R. Allén, 2005, per les il·lustracions

LF Aquesta obra segueix les directrius internacionals de l'IFLA (International Federation of Libraries Associations and Institutions) per a materials de Lectura Fàcil dirigits a alumnes amb dificultats de comprensió lectora.
Té l'aprovació de l'Associació Lectura Fàcil (Barcelona).

Agraïm a Concepció Pont, assessora en recursos didàctics del CEFIRE de la Generalitat Valenciana, la lectura d'aquest llibre.

Primera edició: agost de 2005
Segona edició: abril de 2012
ISBN: 978-84-9804-821-6
Dipòsit legal: B-10.106-2012
Impressió: Lito Stamp

Castellnou Edicions
Pau Claris, 184
08037 Barcelona
www.castellnouedicions.com

Prohibida la reproducció o la transmissió total o parcial d'aquest llibre sota cap forma ni per cap mitjà, electrònic ni mecànic (fotocòpia, enregistrament o qualsevol mena d'emmagatzematge d'informació o sistema de reproducció), sense el permís escrit dels titulars del *copyright* i de l'editorial.

Paper ecològic i 100 % reciclable.

Presentació

Tristany es diu així perquè neix
després de la desgraciada mort del seu pare.
Aquest nom marcarà la seva vida.
Es convertirà en el cavaller predilecte del seu oncle,
el rei Marc de Cornualla,
el qual li encarrega que es traslladi a Irlanda
a demanar, en nom seu,
la mà de la princesa Isolda.
Durant el viatge de tornada,
Tristany i Isolda beuen una poció màgica
que té la propietat d'unir amb un amor apassionat i etern
aquells qui la prenen.
Els joves intentaran resistir l'efecte de la poció,
però serà inútil, perquè no es pot lluitar
contra la força de l'amor.

P. D. i M. M.

1

La infantesa de Tristany

Fa molts anys, a Cornualla,
un país situat al sud-oest d'Anglaterra,
regnava un poderós rei anomenat Marc.
Era molt amic de Rivalèn, **sobirà** de Leonís,
un regne proper a Cornualla.

Rivalèn havia ajudat Marc durant la guerra
que aquest havia mantingut contra els seus enemics.
En agraïment, Marc li havia donat en matrimoni
la seva germana, la bella Blancaflor.

El casament entre Blancaflor i Rivalèn
es va celebrar a Tintagel, a Cornualla.

El **sobirà**
d'un poble és
aquella persona
que té el càrrec
més alt dins
del govern.
En un regne
és el rei.

Després del casament, els esposos van anar a Leonís,
i Blancaflor aviat va quedar embarassada.

La parella esperava amb il·lusió
el naixement del seu fill.
Però la seva felicitat va durar poc:
al cap d'un any, un vell enemic de Rivalèn,
el duc Morgan, li va declarar la guerra.

Rivalèn es va acomiadar de la seva dona
i va anar a lluitar amb el seu exèrcit.
La guerra va ser molt dura.
Rivalèn va matar molts enemics,
però, en un dels combats, ell també va morir.

Quan Blancaflor ho va saber,
no va plorar ni es va lamentar,
però el seu cos es va anar debilitant
i la seva ànima es va entristir.
Al cap de quatre dies, va donar a llum un nen.

El va agafar en braços i li va dir:

—Fillet meu preciós! Has nascut enmig de la tristesa.
Per això et diràs Tristany.

Mentre li parlava així i el besava,
el seu cor va deixar de bategar per sempre.

Rohalt, l'home de confiança de la reina,
es va encarregar de cuidar i educar l'orfe Tristany.
Quan el nen va fer set anys,
el va entregar a Gorvenal,
que es va convertir
en el seu mestre i el seu millor amic.

Un **cavaller**
era un home
que servia
un senyor
amb el seu cavall
i les seves armes
i lluitava
en els tornejos.

Gorvenal va ensenyar a Tristany totes les arts
que un bon **cavaller** ha de conèixer.
També li va ensenyar a cantar
i a tocar l'arpa i altres instruments de corda.

Als quinze anys, Tristany era un noi bell,
molt valent i de bon caràcter.

Gorvenal va pensar que,
per completar la seva educació,
el jove havia de deixar el castell de Leonís
durant algun temps i visitar altres països,
conèixer altres terres.
Tristany es va alegrar molt en saber-ho.

—Mestre –li va dir–,
sembla que m'hàgiu llegit el pensament.
M'agradaria anar a Cornualla,
on els meus pares es van casar.
Així coneixeria el meu oncle, el rei Marc,
i podria servir a la seva **cort**.

La **cort** és
el conjunt
de persones
que acompanyen
el rei: familiars,
criats
i funcionaris.

El noi es va acomiadar de Rohalt
i es va posar en camí
acompanyat del seu mestre.
Van travessar boscos
i rius d'aigües profundes i perilloses,
fins a arribar al regne de Cornualla.

Un **corn de caça** és un instrument musical de vent que s'utilitzava en les caceres.

Abans d'entrar-hi,
Tristany va fer prometre a Gorvenal
que no diria a ningú que era nebot del rei Marc.
Volia donar-se a conèixer fent actes
pels quals el seu oncle se sentís orgullós d'ell.

Un dia van sentir un **corn de caça**
mentre passaven per un bosc molt espès.

Especejar és tallar una cosa a bocins o a trossos.

De sobte, un bonic cérvol ferit
va aparèixer davant seu.
El perseguien molts gossos i uns caçadors a cavall.
Els animals van fer caure el cérvol i el van matar.

Es diu que un animal és **noble** quan el seu comportament o els seus hàbits resulten agradables per als humans.

Un dels caçadors li volia tallar el cap,
però Tristany va sorgir d'entre uns arbustos
i li va dir:

—Què fareu? Penseu **especejar** d'aquesta manera
un cérvol, un animal tan **noble**?
Deixeu-me que us mostri com es fa al nostre país.

Les paraules i l'aspecte del noi
van sorprendre el caçador:

—Qui sou i d'on veniu, jove?
–li va preguntar.

—Em dic Tristany i sóc fill d'un mercader de Leonís.

La naturalitat de Tristany va agradar al caçador,
que va **descavalcar**
i li va permetre especejar l'animal.
El noi li va treure primer la pell.
Després, amb rapidesa i precisió,
va anar tallant els trossos de carn.

Descavalcar és
baixar del cavall.

La seva habilitat va estranyar a tothom.

Mentrestant havia arribat Gorvenal,
que observava, satisfet, el seu deixeble.
Els caçadors, admirats, els van demanar
que els acompanyessin al castell de Tintagel,
per presentar-los al rei Marc de Cornualla.

El sobirà era un home de mitjana edat,
alt i fort i de mirada noble.
Tots el respectaven i l'obeïen.
Vestia un mantell adornat amb pells d'**ermini**
i portava una corona d'or amb pedres precioses.

L'**ermini** és
un mamífer,
de mida semblant
a un conill, que té
la pell suau
i delicada,
molt apreciada
en pelleteria.

El rei de seguida va posar afecte en Tristany.
El jove l'acompanyava quan sortia de cacera
i, quan es feia fosc, el distreia
cantant belles cançons i tocant l'arpa.
A la cort, tots l'apreciaven i l'admiraven.

Ben aviat, Tristany va ser armat cavaller.
Llavors va demanar permís al rei
per tornar a Leonís.

Tristany desitjava combatre contra el duc Morgan,
que havia vençut i matat el seu pare, Rivalèn,
i s'havia apoderat de les seves terres.

Marc de Cornualla el va deixar tornar al seu país.
Allà, el noi va lluitar contra el duc Morgan
i el va derrotar després d'una dura batalla.
D'aquesta manera va poder venjar el seu pare.

Un cop recuperades les seves terres,
les va deixar a cura de Rohalt,
que l'havia criat durant la seva infantesa,
i va retornar a Tintagel.
Desitjava continuar al servei del seu oncle,
a qui estimava com un pare.

2

Morholt d'Irlanda

Quan Tristany va arribar a Cornualla,
tots estaven tristos i es lamentaven.

Havien d'entregar tres-cents nois i tres-centes noies
de quinze anys, pertanyents a famílies nobles,
a Gormó, el poderós rei d'Irlanda.
Era el **tribut** que li havien de pagar,
cada cinc anys,
per haver perdut la guerra.

Un **tribut** és un impost o una obligació que s'ha de complir.

Morholt, cunyat de Gormó,
arribaria al port de Tintagel i s'emportaria els joves,
llevat que algú lluités contra ell i el vencés.

Era un cavaller gegantí, més fort que un bou,
i mai no havia perdut en cap lluita.
Per això ningú no s'atrevia a enfrontar-s'hi.

El dia que la nau de Morholt
va arribar a la ciutat i es va saber la notícia,
els laments i les mostres de dolor van augmentar.

Morholt va entrar a la sala
on es trobaven el rei Marc i els seus barons,
i va dir amb veu poderosa:

—Rei Marc: Gormó, el rei d'Irlanda,
m'envia a recollir el tribut dels joves
per portar-los amb la meva nau,
com a esclaus, al seu regne.
Si algun dels teus barons, tan noble com jo,
s'oposa al pagament del tribut,
jo el desafio a lluitar amb mi.
Si no, el pagament es farà en el termini de dos dies.

Dit això, va sortir de la sala.
Els barons es miraven els uns als altres
i murmuraven,
però ningú no s'atrevia a acceptar el repte.
Tristany contemplava l'escena
i sentia una gran ràbia.
Llavors va mirar el rei Marc i li va dir:

—Poderós senyor, us demano
que em deixeu lluitar contra Morholt
per tornar la llibertat al vostre poble.

El monarca el va mirar agraït i esperançat,
però immediatament es va entristir.
Tristany era molt valent, però no era un noble.

Al cap de dos dies, Morholt va tornar a la sala del tron,
on el rei havia tornat a reunir els barons.
Tots estaven **capcots** i no s'atrevien a mirar-lo.
L'irlandès va somriure amb supèrbia.

Es diu que algú
està **capcot**
quan té
el cap inclinat
endavant,
generalment
a causa
d'una pena.

Anava a començar a parlar,
però Tristany va parlar primer i va dir:

—Cornualla no pagarà més
aquest vergonyós tribut.
Jo us desafio.

Morholt va mirar el jove amb llàstima
i li va recordar que el seu **adversari**
havia de tenir un origen tan noble com el seu.

Un **adversari** és
algú que lluita
contra una altra
persona
en un combat,
un joc, etc.

—Senyors -va dir Tristany-,
sóc fill de Rivalèn de Leonís
i de Blancaflor, germana del rei Marc.
Així doncs, el meu origen és tan noble com el vostre.

Una persona **empal·lideix** quan perd el color de la cara a causa d'un disgust o una sorpresa.

El rei Marc va **empal·lidir** en sentir-lo.
Va pensar que el seu nebot
tenia un valor extraordinari,
però que la lluita seria desigual
i només podia acabar en la mort del jove.
No volia veure'l morir, però els barons van insistir
perquè acceptés Tristany
com a adversari de l'irlandès.
Finalment, el sobirà hi va estar d'acord.

Quan el poble de Cornualla ho va saber,
va anar al port per aclamar el valerós Tristany.

El combat se celebraria sense testimonis,
en una illa propera a la costa.
Cadascun dels adversaris va partir en una barca
cap al lloc establert.

Quan Tristany va arribar a l'illa,
el gegant ja havia desembarcat
i estava amarrant la seva barca.
El noi va saltar de la seva
i la va empènyer cap al mar.

—Què feu, insensat? –va cridar l'irlandès–.
Per què no amarreu la vostra barca a la riba?

Tristany va mirar el terrible cavaller i li va respondre:

—N'hi haurà prou amb una barca
perquè torni el vencedor.

El combat va durar unes quantes hores.
Morholt era molt fort, però Tristany era més hàbil.
Finalment, aprofitant una badada del gegant,
Tristany li va donar un cop molt fort
i li va clavar l'espasa al cap.

El temible Morholt es va desplomar,
però, en caure, va ferir Tristany a la cama
amb la punta de la seva arma, que estava enverinada.

El jove va tornar en la barca de Morholt.
En veure-la de lluny,
tots van creure que aquest havia guanyat
i al campament dels irlandesos
es van sentir grans crits de victòria.

Però, quan l'embarcació s'acostava a terra,
els cornuallesos van reconèixer Tristany.

—És Tristany! –cridaven plens d'alegria.
I totes les campanes de Cornualla
van tocar en senyal de victòria.

El noi va arribar arrossegant la cama ferida
i va anar al campament dels soldats irlandesos.

Incrustar una cosa en una altra és fer que hi penetri i hi quedi ben fixada.

—Morholt ha lluitat com un valent –els va dir–.
He **incrustat** un tros de la meva espasa al seu cap.
Cornualla no pagarà més tributs al rei d'Irlanda!

Els homes de Morholt van tornar al seu país.
Portaven el cadàver embolicat en una pell de cérvol
i amb el tros de l'espasa de Tristany clavat al crani.

A Irlanda, tots van lamentar la mort de Morholt.
El rei Gormó tenia una filla molt bonica
anomenada Isolda.
Era tan rossa, que li deien Isolda la dels Cabells d'Or.
La noia va rentar el cadàver del seu oncle,
va extreure del cap el tros de l'espasa
i el va guardar en una capsa.
Des d'aquell dia,
va maleir el nom de Tristany de Leonís.

3

El guariment en terres estrangeres

Al castell de Tintagel, els millors metges del regne
no podien curar la ferida de Tristany.
La **nafra**, que cada vegada es feia més gran,
era negra i desprenia una **fortor** insuportable.
Només el rei Marc aguantava la forta olor de la ferida,
i sempre estava al costat del llit del seu nebot.

Una **nafra** és una ferida oberta.

La **fortor** és una olor desagradable i penetrant.

Una nit, Tristany no va poder suportar més el dolor.
Va cridar Gorvenal
i li va demanar que li portés la seva arpa
i preparés una barca sense vela i sense rems.
El noi hi va pujar i es va deixar endur pel mar,
probablement cap a una mort segura.

Una embarcació navega **a la deriva** quan ningú no la dirigeix i el seu rumb depèn dels corrents o del vent.

Va navegar **a la deriva** durant set dies i set nits.
La seva única distracció era tocar l'arpa de plata.

La nit del setè dia, uns pescadors el van sentir.
Estranyats per aquella melodia,
s'hi van acostar i van trobar el jove.
Gairebé no tenia forces,
i els pescadors el van portar fins a la riba.

Allí van trobar Isolda la dels Cabells d'Or,
que encara plorava la mort del seu oncle Morholt.
Quan va veure l'estat del ferit,
va manar que el portessin a palau.
Un cop allí, li va preguntar qui era
i què li havia passat.

Un **joglar** era una persona que es guanyava la vida anant de poble en poble cantant i recitant poemes.

—Em dic Tantrís –va mentir Tristany
per no ser reconegut– i sóc un **joglar**.
La nostra nau va ser atacada per uns pirates,
que van matar tota la tripulació.
Solament jo vaig aconseguir fugir, però estic ferit.

Isolda **es** va **compadir** del jove.
Ella podia curar-lo,
perquè coneixia millor que ningú
les virtuts de les plantes medicinals.
Li va treure el verí que encara tenia a la ferida
i, al cap de pocs dies, Tristany es va recuperar.

Compadir-se d'una persona és sentir pena o llàstima pel seu sofriment.

Durant aquest temps,
Tristany ensenyava a la bella Isolda
a tocar l'arpa i a cantar.
Però no estava tranquil.
Sabia que es trobava al regne
dels seus pitjors enemics.
I que el podien reconèixer
com a culpable de la mort de Morholt.

Quan es va trobar amb forces per emprendre el viatge,
es va acomiadar de la noia i va embarcar en una nau
per tornar a la seva terra.

A Cornualla, tots el van rebre amb gran alegria,
especialment el rei Marc i Gorvenal.

4

El cabell d'or

Quan Tristany va tornar,
a Cornualla van canviar moltes coses.
El rei Marc el va convertir en el seu conseller
i sempre escoltava la seva opinió.

Però alguns barons n'estaven gelosos.
Temien que el monarca el nomenés el seu hereu.
Havien d'impedir-ho com fos,
i per això van començar a parlar malament del jove.

Deien que era un **fetiller** que tenia el sobirà dominat.
Van convèncer tota la cort que el rei havia de casar-se
i tenir un fill que heretés el tron.

Un **fetiller** és una mena de bruixot que fa servir encanteris per aconseguir els seus fins.

Però Marc, que no desitjava fer-ho,
volia que el seu hereu fos Tristany.

Mentre el sobirà estava reunit amb els barons
per donar-los una resposta,
una oreneta va entrar per una finestra de palau.
Portava al bec un cabell de dona, ros com l'or.
Llavors Marc va tenir una idea.

—Ja que així ho voleu, em casaré –va dir–.
Però només ho faré amb la noia
a qui pertanyi aquest cabell.
Únicament ella serà la reina de Cornualla.
Busqueu-la per tot el món.

Una **empresa**
és alguna activitat
o algun projecte
que volem dur
a terme
i que generalment
costa temps
i esforç.

Els barons es van molestar amb la resposta del rei,
perquè era una **empresa** impossible d'acomplir.
Marc somreia feliç: havia aconseguit evitar
un matrimoni que no desitjava.
La situació era molt tensa.
Llavors Tristany va prendre la paraula:

—Els nobles creuen que no voleu
casar-vos per culpa meva.
Tan sols hi ha una donzella
amb uns cabells d'or com aquests.
Aniré a buscar-la, encara que serà perillós.
Si no moro, estigueu segur que us la portaré.

L'endemà, Tristany es va embarcar rumb a Irlanda,
acompanyat de Gorvenal i cent cavallers cornuallesos.

Anaven disfressats de comerciants,
amb abundants mercaderies per vendre.

Després de desembarcar a les costes irlandeses,
es van dedicar a vendre els seus productes.

Anaven passant els dies,
i el perill de ser descoberts
era cada vegada més gran.
Però Tristany no aconseguia acostar-se a Isolda.

Un matí, va sentir de lluny un **bram** espantós.
Semblava venir de la boca de l'infern.
Una dona que fugia li va dir
que es tractava d'un drac monstruós
que llançava flames per la boca
i cremava totes les terres del país.

Un **bram** és
un so fort i ronc
de la veu d'alguns
animals salvatges.

Gormó, el rei d'Irlanda, havia promès
la mà de la seva filla Isolda i la meitat del seu regne
al cavaller que fos capaç de matar la terrible bèstia.
Més de vint ho havien intentat,
però tots havien fracassat i eren morts.

Aquesta era la seva oportunitat.

Tristany va agafar les armes
i va cavalcar veloç a trobar el temible drac.
Pel camí es va creuar amb un cavaller
que fugia ben de pressa.

—Deteniu-vos! –li va dir Tristany–.
Per quin camí arribarà el drac?

El cavaller, aterrit, li va indicar el camí
i se'n va anar corrents.

Un **escurçó** és un tipus de serp molt verinosa.

De sobte, el monstre va aparèixer.
Tenia el cap d'un enorme **escurçó**,
els ulls vermells com el foc, dues banyes al front,
orelles llargues i peludes, urpes de lleó,
cua de serp i el cos cobert d'escates.

En veure el cavaller,
el drac va fer un crit espantós i va inflar el cos.
Sense por, Tristany el va atacar amb la llança,
que es va trencar en xocar
contra les dures escates de l'animal.
Llavors, va **desembeinar** l'espasa
i li va copejar diverses vegades el cap.
Però la pell era molt dura i no aconseguia ferir-lo.

Desembeinar és treure de la beina, és a dir, de la funda.

El drac va fer un altre crit esgarrifós
i es va llançar a l'atac.

Va agafar l'escut de Tristany amb una de les urpes
i l'hi va arrencar del braç mentre vomitava foc i verí.
El cavall va caure **fulminat**
i va arrossegar el jove en la seva caiguda.

Una persona o un animal cauen **fulminats** quan són travessats per un llamp (aquí, el foc que vomita el drac).

Llavors el monstre va atacar el seu adversari.
Però Tristany no estava vençut.
Va posar el genoll a terra i,
quan el drac se li va tirar al damunt,
es va apartar a un costat
i li va clavar l'espasa al coll.
La bèstia va caure, ferida de mort.
El noi se li va acostar i li va tallar la llengua.
Després de fer un darrer bram,
el drac es va quedar immòbil.
Extenuat per l'esforç i l'alè verinós de l'animal,
el valent jove es va desmaiar.

Algú està **extenuat** quan està molt cansat, sense forces.

El cavaller que Tristany havia trobat pel camí
era Aguinguerran el Roig,
un noble de la cort del rei Gormó.
Volia casar-se amb Isolda, però era mentider i covard
i sabia que mai no la podria aconseguir.

En veure que Tristany
es disposava a lluitar amb el drac,
Aguinguerran va esperar
per veure el resultat del combat.

Quan la bèstia va deixar de rugir,
va tornar enrere i va trobar el drac mort.
No va veure Tristany,
perquè el tapava una gran pedra,
i va creure que el monstre l'havia devorat.

Tremolant de por, es va acostar al cadàver de la bèstia.
Li va tallar el cap i el va posar en una bossa.
Després es va dirigir a la cort de Gormó
per reclamar al rei la recompensa que havia promès.

Ningú no el creia, però va ensenyar el cap del drac
i Gormó va haver d'acceptar la prova del seu triomf.
A Isolda li costava creure
que el covard Aguinguerran hagués mort el monstre.
Acompanyada de la seva donzella Brangiana
i del seu patge, es va dirigir cap al lloc del combat.
En arribar-hi, van descobrir
el cadàver decapitat del drac,
el cavall mort i l'escut de Tristany.

Van començar a buscar i, finalment,
van veure el cos desmaiat d'un jove.
Era Tristany, el veritable vencedor del drac.

Entre tots tres el van recollir i el van portar,
en secret, a les habitacions de les dones.
Allí, Isolda li va treure l'armadura.

Llavors va caure als seus peus la llengua del drac,
que el noi havia tallat abans de desmaiar-se.

Feliç en saber qui havia matat realment el drac,
Isolda va preparar **ungüents**
per curar les ferides del jove cavaller.
Tristany va recuperar el coneixement ben aviat,
i aleshores ella li va dir:

Un **ungüent** és un medicament que s'aplica com una pomada.

—Estranger, sé que ets tu el vencedor del drac.
Un baró covard i mentider
ens ha portat el cap tallat de la bèstia
i vol la seva recompensa abans de dos dies.
Seràs capaç de demostrar la veritat en tan poc temps?

Mentre li parlava, Isolda mirava el rostre del noi.
Estava inflat i ennegrit,
però va pensar que s'assemblava a Tantrís,
el joglar que els pescadors havien recollit del mar
i que ella havia cuidat.

Li va preguntar si aquell era el seu nom
i Tristany va respondre afirmativament.
Però estava molt dèbil
i es va adormir sense dir res més.

Mentre el jove dormia, Isolda va netejar les armes,
ennegrides pel foc del drac.

Quan va agafar l'espasa ensangonada
i va descobrir que hi faltava un trosset d'acer,
va tenir una sospita terrible.

Va córrer, amb l'espasa a la mà,
cap a la capseta on guardava
el fragment que havia trobat
al cap del seu oncle Morholt.
I va comprendre la veritat.
El trosset d'acer encaixava perfectament en l'espasa.
La noia, plena de ràbia, va llançar un crit d'ira:

—Maleït! –va dir, disposada a matar-lo amb l'espasa–.
Tu ets Tristany de Leonís,
l'assassí del meu oncle Morholt! Mor tu també!

Tristany es va despertar
i, amb hàbils paraules,
va aconseguir detenir la noia:

—Que així sigui. Moriré,
però abans escolta'm, filla del rei!
Tens tot el dret de matar-me.
M'has salvat la vida dues vegades.
La primera, quan vaig arribar al teu regne,
ferit per l'espasa enverinada del teu oncle,
i em vas curar.
La segona ara, després d'alliberar-vos del drac.

Mata'm! Però, quan siguis als braços
del covard i mentider Aguinguerran el Roig,
preferiràs no haver-ho fet. Pensa-ho bé!

Isolda va abaixar l'espasa i va preguntar:

—Per què has vingut a conquistar-me? No ho entenc.
Vols venjar-te, en la meva persona, dels mals
que Irlanda va causar al teu país durant tants anys?

—No, bella princesa. He vingut des de Cornualla
perquè un dia una oreneta va deixar caure
un dels teus cabells d'or al nostre palau.
Vaig pensar que era un missatge d'amor i de pau.
Per aquest motiu vaig lluitar
contra el drac que atemoria el teu regne.

Isolda el va mirar en silenci i va deixar l'espasa.
Després, es va inclinar sobre Tristany
i el va besar en senyal de pau i d'amistat.

El dia que el vencedor havia de rebre la recompensa,
Gorvenal i els cent cavallers cornuallesos,
amb els millors vestits, van arribar al saló del tron.

La princesa Isolda, asseguda al costat del rei,
estava acompanyada per un bell estranger
d'ulls clars i cabells rossos i arrissats.

Els nobles irlandesos i el rei Gormó escoltaven
el relat fantàstic d'Aguinguerran el Roig,
que va acabar dient:

—Senyor, vau oferir la mà d'Isolda i la meitat del regne
a qui matés el drac que aterria Irlanda.
Jo ho vaig fer, i, com a prova, aquí en teniu el cap.

I va llançar el cap del monstre al mig de la sala.

Es van sentir murmuris d'admiració
entre els assistents.
Tristany, el ros estranger d'ulls blaus,
va demanar que obrissin la boca de la bèstia.
Així ho van fer, i tots van poder veure
que no tenia llengua.
Algú la hi havia tallat.

Aleshores, el jove va ensenyar
la llengua del drac als reunits.
A la sala van ressonar nous murmuris d'admiració.
De sobte, una veu va cridar:

—És Tristany de Leonís, l'assassí de Morholt!

Finalment l'havien reconegut.
Molts van desembeinar les espases,
mentre centenars de veus cridaven:

—Que mori! Que mori!

El rei Gormó va ordenar silenci per deixar-lo parlar.

—Senyors: és cert que vaig matar Morholt
–va dir Tristany–, però he tornat
per oferir-vos la **reconciliació** i la pau.
He posat en perill la meva vida
per matar el monstre que us turmentava.
Mereixo el premi.
El rei Marc de Cornualla és el meu senyor.
I, en nom seu,
demano la mà de la princesa Isolda.
Ella serà la reina de Cornualla
i a la fi tindrem pau entre els nostres regnes.
Els meus cent cavallers juraran
que el que dic és veritat.

Una **reconciliació** és el fet de tornar a ser amics després d'una baralla o una discussió.

Es va fer el silenci i els cent cornuallesos van jurar.
Llavors, el rei Gormó
va prendre la mà de la seva filla Isolda
i la hi va entregar a Tristany.

Isolda estava avergonyida i rabiosa.
Tristany l'havia enganyat una altra vegada.
L'havia conquerit per després menysprear-la.
El bell relat del cabell d'or
era una altra mentida del jove.

I així va ser com, per obediència al rei Marc,
per la força de la seva espasa i per la seva astúcia,
Tristany va aconseguir la donzella dels cabells d'or.

5

El filtre amorós

La nit abans de partir cap a Cornualla,
la reina d'Irlanda va cridar Brangiana,
la fidel donzella de la seva filla Isolda, i li va dir:

—Brangiana, aquest flascó conté
un vi d'herbes màgiques. Guarda'l bé.
Quan arribi la nit de noces del rei Marc i Isolda,
ofereix-los una copa d'aquest vi encantat.
Es tracta d'un **filtre amorós**.
Aquells qui el beguin junts
s'estimaran eternament.

Un **filtre amorós** és una beguda màgica que fa que aquell qui la beu s'enamora.

L'endemà, la nau de Tristany va iniciar el viatge.

La princesa Isolda plorava,
perquè la conduïa lluny de la seva pàtria.
On la portaven aquells estrangers?
Com devia ser aquell rei Marc
a qui pensaven entregar-la?

Odiava Tristany perquè no l'havia conquerit per a ell.
La portava com a presonera
per donar-la a un altre home.

El jove anava a visitar-la sovint,
i intentava consolar-la amb dolces paraules.
Però ella el rebutjava, plena de ràbia.

Un dia, quan eren prop d'una petita illa,
el vent va deixar de bufar.
Tristany va donar permís
perquè tots baixessin a terra.
Ell es va quedar a la nau,
amb Isolda i Brangiana.
El noi va voler animar la desconsolada princesa
interpretant cançons
amb la seva arpa de plata.

Era l'estiu, el mar semblava un mirall
i feia una calor asfixiant.
Els joves tenien set i van demanar a Brangiana
que els portés alguna cosa per beure.

La donzella va baixar a la bodega,
on guardaven els millors vins irlandesos.
Sense parar gaire atenció, va agafar
la primera ampolla que va trobar.
Va servir el vi en una copa d'or
i la va oferir a Isolda,
que en va beure la meitat.
Tristany es va acabar el vi de la copa,
i a tots dos els va semblar deliciós i refrescant.

De sobte, els ulls dels dos joves es van trobar
i es van contemplar en silenci.

No parlaven: només es miraven,
mentre una escalfor naixia a l'interior del seu pit.
Es van enrojolar i van desviar la mirada alhora.
Notaven els batecs accelerats dels seus cors.

Avergonyida, Isolda es va tapar el rostre amb les mans
i es va desmaiar sobre el llit.
Tristany va sentir un immens dolor al pit
i, **torbat**, va sortir de l'habitació.

Quan algú
està **torbat**,
està tan sorprès
que ni tan sols
no pot parlar.

Brangiana, que els observava,
de sobte va tenir un terrible dubte:
i si s'havia equivocat d'ampolla?
Llavors va baixar corrents a la bodega
i va descobrir el seu error.

—No he sabut obeir l'ordre de la reina!
-es va lamentar la noia–.
Maleït sigui el dia en què vaig néixer
i el dia en què vaig pujar a aquesta nau!
Isolda, la meva dolça amiga, i vós, noble Tristany,
heu begut la vostra pròpia mort!

La donzella els va estar espiant dos dies.
Va veure com rebutjaven tot aliment, tota beguda.
Eren infeliços quan estaven separats,
i també quan estaven junts.
No sabien com declarar-se el seu amor.
El filtre amorós havia fet efecte:
ja no podien viure l'un sense l'altra.

La **lleialtat** és la qualitat de ser fidel a algú.

Tristany lluitava amb ell mateix.
La passió que sentia per la promesa del rei Marc
era més forta que la **lleialtat** envers el seu sobirà.

Isolda també lluitava interiorment.
Volia odiar aquell bell cavaller, però no podia,
i el seu cor s'irritava
per aquell amor més fort que l'odi.

El tercer dia de viatge, a la sortida del sol,
Tristany passejava inquiet
per la coberta de la nau, sense poder dormir.
Isolda també s'havia llevat.

Quan es van trobar, es van abraçar
i van començar a besar-se apassionadament.

Aleshores va aparèixer Brangiana.
La fidel donzella es va llançar als seus peus
i els va confessar tota la veritat.

—Us entrego la meva vida
perquè en feu el que vulgueu.
Per culpa meva, en la copa que us vaig servir,
vau beure l'amor i la mort.

Tristany i Isolda es van tornar a abraçar.
La nau lliscava veloçment cap a la terra del rei Marc.
Els seus cossos es van unir. S'estimarien per sempre.

6

El pi gegant

El rei Marc, amb el seu **seguici**,
esperava l'arribada de la nau
on anaven els seus éssers més estimats:
Tristany, el seu nebot, i Isolda, la seva futura esposa.
Els viatgers van ser rebuts amb alegria i grans festes.

Un **seguici** és un grup de gent que acompanya algú important o conegut.

Quan Isolda va aparèixer a la sala del tron,
els nobles van quedar enlluernats
per la bellesa de la princesa irlandesa.

El casament s'havia de celebrar al cap de pocs dies.
El sobirà era l'home més feliç de la terra.
L'encant de la seva promesa l'omplia d'admiració.

Un **tapís** és una tela gruixuda, sovint teixida amb llana o seda, en què es representen escenes o dibuixos, i que es penja de les parets per decorar-les.

El rei Marc va ordenar preparar una gran cerimònia.
Va fer que adornessin els carrers amb catifes de flors
i que pengessin preciosos **tapissos** dels murs.
Va convidar a la boda nobles dames
i cavallers de tot el regne de Cornualla.
Les campanes van sonar alegrement durant tot el dia.

Després del casament, tot el poble
va menjar i va beure a la salut dels monarques,
gràcies a la generositat del rei.
El banquet es va prolongar fins a altes hores de la nit.

Mentrestant, la fidel Brangiana havia ideat un pla
perquè el rei no descobrís que Isolda no era verge.
Si ho sabien, la condemnarien a mort.

Brangiana era gairebé tan bella com Isolda
i tenia també una esvelta figura.
Només les diferenciava el color dels cabells.

Per això es va oferir a ocupar el lloc d'Isolda al llit.
Havien d'aconseguir, però,
que l'habitació estigués a les fosques.
La reina, agraïda per la seva ajuda, va abraçar la noia.

Acabada la festa,
els esposos es van retirar a la seva estança.
El bon Marc havia begut molt i se sentia feliç.

Mentre començava a treure's les riques vestimentes,
Isolda va apagar les torxes,
i, en la foscor,
Brangiana es va estirar al llit al costat del rei.

—Estimada, per què has apagat les torxes?
–va preguntar-li el monarca, sorprès.

—Senyor meu, és la tradició irlandesa.
La primera nit que els esposos passen junts
ha de ser a les fosques! –va respondre Brangiana,
imitant la veu d'Isolda.

El rei Marc no es va adonar del canvi.
Quan es va adormir,
Isolda es va ajeure al seu costat.
L'engany de la fidel Brangiana havia estat un èxit.

Isolda vivia feliç al castell de Tintagel.
El seu espòs l'adorava,
i ella tenia a prop Tristany, a qui veia en secret.
En aquells moments, la seva passió esclatava.
No podien controlar-la.

Brangiana vigilava
que els amants no fossin descoberts.
Però la passió és difícil d'ocultar,
i Tristany tenia enemics poderosos a la cort.

Delatar algú és denunciar-lo, és a dir, descobrir-ne alguna cosa que vol ocultar, mantenir en secret.

Hi havia quatre barons
que el controlaven constantment per enxampar-lo
en alguna de les seves trobades amb Isolda
i, així, poder **delatar**-los davant del rei.

Sempre que podien,
insinuaven al monarca que entre Tristany i Isolda
existia alguna cosa més que amistat.
Van insistir tant, que Marc va començar a sospitar
de la fidelitat de la seva esposa i del seu nebot.

Un matí, el rei va cridar Tristany:

—Uns barons t'acusen d'una gran traïció –li va dir.

—Però, majestat, de què em culpen?
–va preguntar el jove.

—No em preguntis,
ni intentis convènce'm amb les teves paraules.
No crec que siguis culpable, però només em calmaré
quan comprovi el que vull saber.
Abandona Cornualla durant un temps.
Després t'avisaré i podràs tornar.

Una persona és **perversa** quan és molt dolenta.

Els **perversos** barons se sentien feliços.
Havien aconseguit allunyar Tristany de la cort,
o almenys això és el que creien.

El valent cavaller va abandonar el palau,
però no podia allunyar-se de la seva estimada reina.
El poder del filtre màgic li ho impedia.

Es va amagar en una població propera a Tintagel.
La febre de l'amor el consumia.

Isolda també se sentia morir
per l'absència del seu amant.
Novament, l'astúcia de Brangiana els va ajudar.

Darrere la muralla sud del castell,
hi havia un bonic jardí i, al seu extrem més allunyat,
un pi enorme i **frondós**.
Als seus peus hi havia un petit llac,
del qual sortia un rierol que travessava el jardí,
creuava la muralla
i arribava fins a l'habitació de les dones.

> Un arbre **frondós** és el que té moltes fulles i branques.

Tristany escrivia els missatges per a la seva estimada
en trossets d'escorça que dipositava a l'aigua.
El rierol transportava l'escorça fins a Brangiana,
i, si no hi havia perill,
Isolda es reunia amb Tristany al costat del pi.

Els barons estaven desconcertats,
perquè veien que la reina tornava a ser feliç.
Això volia dir que es veia amb Tristany.

Un dels barons va oferir una bossa d'or al nan Frocí
si descobria els amants.

El nan va idear un pla senzill.
El rei havia d'anunciar
que se n'anava de viatge durant uns quants dies.
Però, en realitat,
s'amagaria entre les branques del pi.
Així podria comprovar
que el que li havien explicat era cert.

Arribada la nit,
el monarca no va haver d'esperar gaire.
Va veure com Tristany escrivia el missatge a l'escorça
i la deixava a l'aigua del rierol.
Mentre esperava la seva estimada,
el jove va mirar la superfície del llac
il·luminat per la lluna
i va descobrir, aterrit,
la imatge del rei reflectida a l'aigua.

No podia avisar Isolda que havien estat descoberts.
Res ni ningú no podia salvar-los!
La noia arribava corrents, però es va detenir
en veure que Tristany no es movia.
Quan s'hi va acostar,
va veure la figura del seu marit reflectida al llac.
Fingint un empipament que no sentia, Isolda va dir:

—Com us atreviu a citar-me en plena nit?
No sabeu que el meu marit es pensa que som amants?
He vingut perquè sé
que heu estat **desterrat** injustament.
Digueu-me què voleu i, després, abandoneu el regne.
Si ens descobrissin,
tots creurien que esten enamorats. Parleu!

Una persona **desterrada** és la que ha estat expulsada d'un territori i ha de residir en un altre lloc.

Tristany, més tranquil per la reacció d'Isolda, va dir:

—Els barons tenen la culpa del meu desterrament.
Ells ens han acusat injustament davant del rei.
L'única cosa que us demano
és que parleu en favor meu.

—El que em demaneu és impossible.
Si parlo al rei en favor vostre, semblarem culpables.
Ara me n'he d'anar.
Si el rei sap que he parlat amb vós,
ordenarà que em matin.
Adéu, desgraciat cavaller!

Enfilat a l'enorme pi, el rei Marc estava furiós.
S'havia deixat enganyar pels barons,
però la seva esposa i el seu nebot eren innocents.
Sentia dolor per haver ofès Tristany.
Va jurar castigar el nan que havia ideat el pla,
i reconciliar-se amb el noi.

L'endemà, va enviar buscar Tristany.
Quan el va tenir al davant, el va abraçar
i va jurar que no tornaria a sospitar d'ell mai més.
Però ningú no va poder trobar el nan Frocí,
que es va amagar als soterranis del castell
per por de ser castigat.

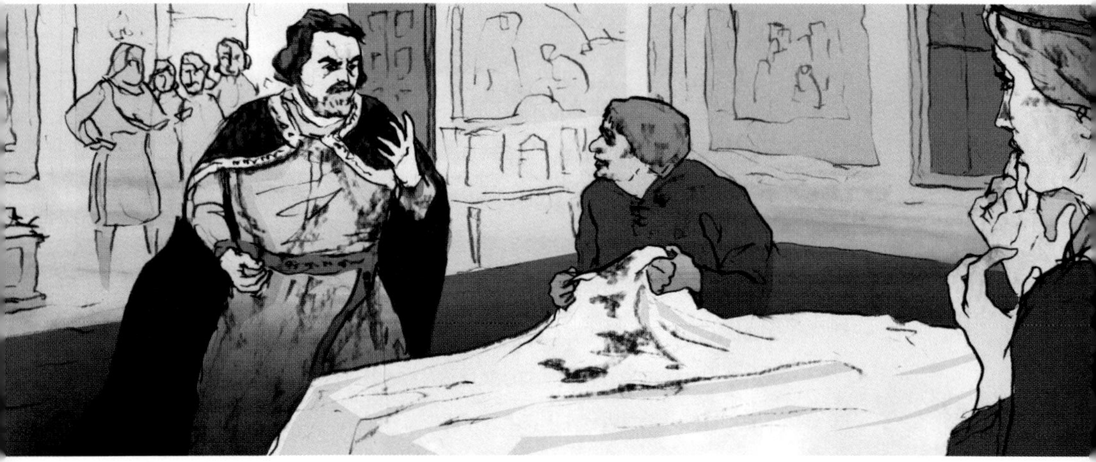

7

La trampa de la farina

La tranquil·litat va tornar a la cort de Tintagel.
Tristany i Isolda es veien novament,
i els barons continuaven espiant-los.
No acceptaven la derrota.
Fins que, una nit,
els van trobar despullats al llit reial.

Llavors convocaren el sobirà a una reunió i li van dir:

—Aquesta situació s'ha d'acabar.
Tristany i la reina s'estimen.
Ho hem vist amb els nostres propis ulls,
i el nan Frocí us ho demostrarà.

El rei Marc es va enfurir
i els va recordar l'episodi del pi,
però els barons van insistir:

—Si no poseu fi a aquesta relació
i allunyeu per sempre el vostre nebot,
ens retirarem als nostres territoris
i us declararem la guerra.

El monarca va abaixar el cap i els va respondre:

—Senyors, no crec res del que em dieu.
No obstant això, demostreu-me que l'acusació és certa
i els castigaré sense pietat.

L'**alba** és
la primera claror
del dia, quan
el sol comença
a sortir.

—Jo us juro, rei Marc, que Tristany i Isolda s'estimen
–va afirmar el nan Frocí–. En voleu una prova?
Doncs bé: ordeneu al vostre nebot que surti demà
a l'**alba** amb un missatge per al rei Artús.
Tristany intentarà acomiadar-se de la reina
abans d'abandonar Tintagel.
Espieu-los aquesta nit i mateu-me si no els sorpreneu.

El rei va fer el que el nan li va demanar.
Mentrestant, Frocí va empolsegar amb farina
el terra del dormitori d'Isolda
perquè les petjades de Tristany
hi quedessin marcades.

A mitjanit, Tristany es va dirigir, sense fer soroll,
al dormitori de la reina
per acomiadar-se de la seva estimada.
La llum de la lluna il·luminava l'habitació
i el jove va poder veure la farina.

De seguida va comprendre
que es tractava d'una trampa,
i va fer un gran salt per arribar al llit.
Com que no havia trepitjat la farina,
va pensar que ningú no podria descobrir-lo!

A causa del salt, se li va obrir una ferida
que un porc senglar li havia fet en una cama,
i en va començar a rajar sang.
Els amants no se'n van adonar,
però el llit i el terra en van quedar tacats.
Aquella sang era la prova que els barons volien!

Mentrestant, el rei Marc,
acompanyat pel nan i pels barons,
es va dirigir a l'habitació de la seva esposa.
Quan va veure la sang fresca
que tacava el terra i el llit,
es va irritar profundament.

Després van encadenar Tristany,
que fingia dormir profundament al seu llit.

El sobirà els va reunir i els va dir:

—Maleïts traïdors, res no us salvarà.
Demà, tots dos morireu cremats a la foguera.

Tristany es va agenollar als seus peus
i va demanar pietat per a Isolda.

—Senyor, l'acusació d'aquests barons és falsa.
La reina i jo no ens hem estimat mai
amb amor culpable.
Si algú s'atreveix a dir que menteixo,
demano poder lluitar amb ell a mort.

Però Marc, furiós per les paraules del seu nebot,
el va interrompre:

—Com us atreviu a negar-ho?
La sang us ha delatat. Calleu d'una vegada!
No hi haurà pietat per a cap dels dos!

Mentia, Tristany? Eren culpables, els enamorats?
Ningú no sabia que el filtre màgic
havia anul·lat la seva voluntat.
Únicament Déu podia jutjar-los.

Molt aviat, tot Cornualla va saber la notícia:
Tristany i la reina estaven empresonats.

El rei els havia condemnat a morir a la foguera.
L'execució seria pública i es faria al davant del castell.

Però la gent sentien compassió per ells.
Volien que els jutgés un tribunal,
perquè poguessin defensar-se de les acusacions.
Ploraven i li demanaven **clemència** al rei.

La **clemència** és la compassió, la moderació a l'hora d'aplicar la justícia.

—Bon rei, matar-los sense sentència és una vergonya!
És un crim! Deixeu-los que es defensin!

Però era inútil. Marc es mostrava inflexible.
Volia venjar-se d'aquells que tant estimava,
i que l'havien enganyat.

La foguera estava preparada.
Els guàrdies van anar a buscar Tristany
i, mentre l'hi portaven,
van passar per davant d'una capella
situada a la vora d'un **penya-segat**.
El noi va demanar que l'hi deixessin entrar,
perquè desitjava resar abans de morir.

Un **penya-segat** és una zona costanera amb un gran pendent, gairebé vertical.

Els guàrdies van dubtar,
per por que intentés escapar-se.
Però la capella tenia una sola entrada,
de manera que Tristany no podia fugir.
Finalment, li van concedir el que demanava.

Li van deslligar les mans
i el jove va entrar a la capella.
Sense pensar-s'ho gaire,
es va acostar a l'única finestra que hi havia
i es va llançar daltabaix del precipici.

La seva vestimenta, però,
es va inflar amb el vent i va frenar la caiguda.
Així, doncs, Tristany va salvar la vida.

Gorvenal s'havia estat esperant,
disposat a intervenir
per alliberar Tristany de la foguera.
Pensava aparèixer de sobte,
amb un cavall per al seu senyor.
En veure que el noi havia fugit,
va marxar amb els cavalls cap al lloc on havia caigut.
El va recollir i es van amagar en un bosc proper.

El rei Marc,
furiós en saber que Tristany s'havia escapat,
va ordenar cridar la reina,
contra la qual va concentrar tota la seva ràbia.

Isolda va arribar caminant amb gran dignitat.
Vestia un senzill vestit blanc amb un **rivet** daurat.
Un fil d'or trenava els seus cabells,
llargs fins als peus.

Un **rivet** és una tira estreta que algunes vestimentes porten a les vores com a adorn.

En presentar-se davant el monarca,
va allargar-li les seves delicades mans,
de les quals brollava sang
per les ferides que li feien els lligaments.

La multitud clamava en favor de la reina:

—Oh Déu, tingueu-ne pietat!

El sobirà ni tan sols no la va mirar.
Isolda va somriure tristament
i es va deturar davant la foguera, que ja estava encesa.
El poble la va envoltar cridant
i maleint els qui l'havien acusada, fins i tot el rei.

Un centenar de **leprosos** observaven l'escena,
una mica apartats de la resta de la gent.
La carn malalta els queia a trossos.
Portaven crosses i bastons,
i unes **matraques** que feien sonar per avisar la gent
que s'havien d'apartar si volien evitar el contagi.

Ivan era el cap dels leprosos.
En veure que Marc mirava la reina amb odi,
va parlar així:

—Senyor, entregueu-nos la reina.
El seu càstig serà pitjor i durarà molt més.

Un **leprós** és
un malalt
de lepra,
una greu malaltia
de la pell.

Una **matraca** és
un instrument
compost de dues
o més fustes
articulades,
que, quan es mou,
fa un soroll sec
i repetit.

Serà la dona de tots nosaltres,
i així ens alegrarà la vida
mentre estigui sana i de bon veure.

El rei el va mirar amb ànsia de venjança.
Llavors va agafar Isolda per la mà
i la va llançar als leprosos.

—Pietat, senyor! –va exclamar ella, aterrida–.
Per Déu, no em feu anar amb ells!

Els leprosos cridaven d'alegria.
Van agafar la noia,
que es resistia amb força,
li van arrencar el vestit,
van desfer les seves trenes
i se la van emportar cap al bosc.

Tristany i Gorvenal havien vist l'escena,
amagats entre la vegetació,
sense poder fer-hi res.
De sobte, van aparèixer davant els sorpresos leprosos.
Mentre Gorvenal els feia retrocedir
amenaçant-los amb l'espasa,
Tristany es va llançar contra Ivan
i li va prendre la jove.
Després la va pujar al seu cavall
i van desaparèixer al galop.

Els enamorats, seguits de Gorvenal,
van cavalcar durant molta estona
i, finalment, van arribar al bosc de Morois.

La vegetació era molt densa
i s'hi van poder amagar fàcilment.
Ningú no els trobaria.
La vida seria difícil per a ells, però l'amor tot ho pot.

8

El bosc de Morois

La vida al bosc era molt dura.
Dormien a terra, i cada nit canviaven de refugi.
Tristany, que era un bon arquer,
s'encarregava de caçar.
Gorvenal era un hàbil pescador.
Per això sempre tenien aliment fresc.
Quan es feia fosc,
construïen cabanes amb branques:
una per a Gorvenal i una altra per als amants.

Un matí, mentre Tristany i Isolda cavalcaven,
van descobrir una ermita solitària,
oculta entre la vegetació.

Hi habitava un ermità anomenat fra Ogrí,
que vivia retirat del món, dedicat a resar.

Quan s'hi van acostar, l'ermità els va reconèixer.
Els va convidar a compartir
el seu escàs aliment i els va dir:

—Senyor Tristany i senyora Isolda, esteu en perill.
Marc de Cornualla ofereix molts diners
per la vostra captura.
Us acusen de traïció al rei.
I molts barons desitgen cobrar la recompensa.

—Senyor, el rei Marc ens persegueix,
però no som culpables.
El nostre amor no depèn de la nostra voluntat.
Tristany i jo ens estimem
perquè vam beure un filtre màgic
a la nau que ens portava des d'Irlanda fins a Tintagel.

Aleshores, l'ermità es va dirigir a Tristany:

—Torneu la reina al seu espòs!
Déu perdona el pecador que es penedeix.

Però el jove va respondre amb fermesa:

—La reina ja no pertany al rei.

La va entregar als leprosos i jo la vaig alliberar.
No podem separar-nos, ni ho volem.

L'ermità va insistir:

—Si torneu Isolda, jo parlaré amb el rei Marc.
Us prometo que la reina no patirà cap dany.

Tristany i Isolda es van acomiadar de fra Ogrí
i li van prometre que meditarien
sobre el que els havia aconsellat.
Molt tristos, es van allunyar de l'ermita.

Un dia, quan Gorvenal pescava a la vora d'un rierol,
va sentir les trompes de caça
i es va amagar entre la vegetació.
Era un dels barons, que perseguia un cérvol.

Gorvenal va pensar que era una oportunitat
de matar un dels seus enemics.
Li va sortir al pas, va subjectar el cavall,
va fer caure el cavaller a terra i li va tallar el cap.
Aquesta mort va commocionar tot el país.
La resta de barons estaven espantats,
i tenien por d'endinsar-se al bosc de Morois.

Els mesos anaven passant
i els **proscrits** se sentien segurs en el seu refugi.

Un **proscrit** és una persona que ha estat desterrada i té prohibit tornar al seu país.

L'estiu s'acostava, de manera que
els dies eren cada vegada més llargs.
Una tarda, un dels pastors del rei Marc
perseguia un vedell que havia abandonat el ramat.
La pista de l'animal el va portar al bosc de Morois.

Una cosa es fa **sigil·losament** quan s'actua amb precaució, sense que es noti.

De sobte, es va sentir un soroll.
El pastor s'hi va acostar **sigil·losament**
i va apartar unes branques per veure què era.
Llavors va descobrir les dues cabanes.
La reina Isolda i Tristany estaven parlant
al davant d'una de les cases.
Fins i tot es podien sentir
algunes de les seves paraules:

—...fra Ogrí... tornar amb el teu espòs, el rei –deia ell.
—No pot ser –responia Isolda–.
Mai no perdonarà la infidelitat.

El pastor no va voler sentir res més.
Havia tingut molta sort,
perquè podria rebre la recompensa
promesa pel sobirà.
Va partir ràpidament cap al castell de Tintagel
per avisar el rei Marc.

Així que va rebre la notícia,
el monarca va sortir a buscar els amants.

El pastor l'acompanyava.
Marc tornava a sentir el rancor que creia haver oblidat
i estava decidit a castigar-los.

Tristany i Isolda eren en una cabana,
mentre Gorvenal descansava a l'altra.
Ja havien sopat i es disposaven a dormir.
La jornada havia estat calorosa, i la caça, escassa.
Al bosc, els animals també dormien.
El silenci era absolut. No es movia ni una fulla.
Tan sols se sentia el suau **crepitar** de la foguera
que il·luminava dèbilment les dues casetes.

Crepitar és
el soroll que fa
la llenya
que crema
quan es trenca.

El rei Marc va deixar els cavalls a cura del pastor.
Amb l'espasa desembeinada, va entrar a la cabana
per matar els que tant odiava.
El seu cor bategava molt de pressa.
Finalment podria acomplir la seva venjança!

Però de sobte es va aturar.
Els enamorats dormien junts,
però entre els seus cossos
hi havia l'espasa de Tristany.
Un somriure d'innocència es dibuixava als seus llavis.
Eren tan bells! No podien ser culpables!

Lentament, Marc va abaixar l'espasa.
Va haver de contenir un sanglot.

Mai no havia d'haver cregut els barons!
Emocionat, el rei va canviar l'anell d'Isolda pel seu
i va posar la seva espasa en lloc de la del seu nebot.
Els havia perdonat!

El sobirà es va allunyar en silenci. Ja no sentia odi.
La lluna va aparèixer al cel i va il·luminar els amants,
que dormien tranquil·lament,
separats per l'espasa reial.

Quan es van despertar, Tristany va reconèixer l'espasa
i Isolda va veure que duia l'anell del seu espòs.
L'espant va **colpir** els enamorats.
El rei els havia descobert!
Però no els havia matat! Per què?

Colpir significa afectar amb motiu d'una impressió forta, sobtada.

De seguida van avisar Gorvenal,
van recollir les seves coses i van fugir corrents.
No parlaven,
però es preguntaven una vegada i una altra:
«Per què Marc no ens ha matat?»

La lluna plena il·luminava el seu camí
mentre s'allunyaven al galop del bosc de Morois,
on havien viscut més de dos anys.

9

El jurament ambigu

Es diu que alguna cosa és **ambigua** quan pot ser entesa de diverses maneres o és dubtosa.

Tristany i Isolda estaven intranquils.
No podien oblidar l'última nit al bosc,
ni les paraules del savi ermità:
«La bella Isolda ha de tornar amb el seu espòs,
el rei Marc.»

I així, després de meditar-ho molt,
van decidir demanar ajuda a fra Ogrí.

Van tornar a travessar el bosc
i, quan es feia de dia, van arribar a l'ermita.
Ogrí, que estava recollint llenya,
els va rebre amb alegria.

Aleshores Tristany li va dir:

—Venim a demanar-vos ajuda.
No podem continuar així.
La reina Isolda ha de tornar amb el seu espòs.
Això és el que ordena la llei divina.

La noia va afegir:

—No em penedeixo d'haver seguit Tristany,
i mai no deixaré d'estimar-lo.
Però no podem continuar junts.

Algú està **commogut** quan una cosa l'ha emocionat o entendrit.

El vell frare es va alegrar molt d'aquella decisió.
Commogut per les seves paraules,
va decidir ajudar-los
i els va proposar d'escriure una carta al rei Marc:

—En la carta demanareu el perdó reial.
I Tristany s'oferirà a defensar amb les armes
que mai no hi ha hagut amor deshonest
entre tots dos.
Ningú no s'atrevirà a enfrontar-se a vós.
És cert que heu viscut junts,
però només perquè era l'única manera
de salvar la vida.
Amb el temps, la ira del rei s'ha suavitzat.
Acceptarà les vostres explicacions i us perdonarà.

Van escriure la carta
i fra Ogrí va anar a portar-la al rei,
al castell de Tintagel.

Els dos joves es van quedar a l'ermita, amb Gorvenal,
esperant la resposta a la seva petició.

L'ermità va tonar al cap de tres dies.
Caminava lleuger, malgrat la seva avançada edat,
i quan hi va ser al davant els va dir:

—El rei us perdona, senyora.
Però Tristany ha de mantenir-se
lluny de Tintagel dos anys més.
Ho he intentat tot, però no he pogut convèncer el rei
perquè també deixés tornar Tristany.
Ens hem de posar en camí ara mateix,
jo us acompanyo.

Tristany i Isolda es van abraçar en silenci,
amb els ulls plens de llàgrimes.

—Amor meu –va dir Isolda–,
t'entrego el meu anell de jaspi verd.
Si alguna vegada em necessites,
envia un missatger amb aquest anell.
Així sabré que ets tu qui em crida
i vindré al teu costat.

—Mai no deixaré d'estimar-te –va respondre Tristany després d'abraçar-la i besar-la–.
Vés-te'n, però no miris enrere.
No podria suportar-ho.

I així es van separar els amants.

Tot Cornualla va celebrar el retorn de la bella reina d'ulls verds i cabells daurats.
Marc va tornar a ser el marit afectuós d'abans,
i satisfeia tots els desitjos de la seva estimada Isolda.
Aquesta es comportava com una amant esposa.
Però no era feliç,
perquè sempre pensava en Tristany.

Tristany tampoc no podia viure
sense la seva estimada.
El jove i Gorvenal s'allotjaven ara a casa d'Orri,
el vell guardaboscos.

Tristany patia per l'absència de la noia,
però es consolava pensant que Isolda feia
una vida tranquil·la i còmoda a la cort.
No sabia que els barons preparaven una nova traïció.

El rei Marc estava preocupat
perquè els nobles més poderosos del regne
desitjaven fer mal a la seva esposa.

Volien que jurés públicament que era innocent.
El sobirà els va amenaçar d'expulsar-los del país,
però ells van jurar que, si ho feia,
li declararien la guerra.

Marc, assegut al tron,
recordava les amenaces que acabava de rebre,
i es mostrava preocupat i pensatiu.

—Què us passa, senyor? –va preguntar Isolda–.
Sembleu preocupat.

El monarca li va contestar:

—Estimada meva,
els barons més poderosos em desafien.
Avui els he amenaçat amb l'expulsió del regne.
Us acusen de no haver jurat que sou innocent.

La reina va consolar-lo i li va dir:

—No us preocupeu.
D'aquí a quinze dies, a la Planura Blanca,
faré el jurament per demostrar la meva innocència
davant tot el poble de Cornualla.
També vull que hi siguin el rei Artús
i els nobles cavallers de la seva Taula Rodona.
Ells seran els meus testimonis.

Un **emissari** és un missatger encarregat de comunicar alguna cosa a algú.

El rei Marc va acceptar la proposta d'Isolda.
Ràpidament, va enviar **emissaris** per sol·licitar
la presència del rei Artús de Logres
i dels seus cavallers.

Al mateix temps, la bonica Isolda
va enviar el seu fidel patge perquè avisés Tristany.
Li demanava que es presentés
al lloc conegut com la Planura Blanca,
i que hi anés disfressat de pelegrí
perquè ningú no el pogués reconèixer.

Els quinze dies van passar ràpidament,
i va arribar el moment en què la reina
havia de fer el seu jurament.

Un **pavelló** era una tenda de campanya en forma de con sostinguda per un pal central gruixut.

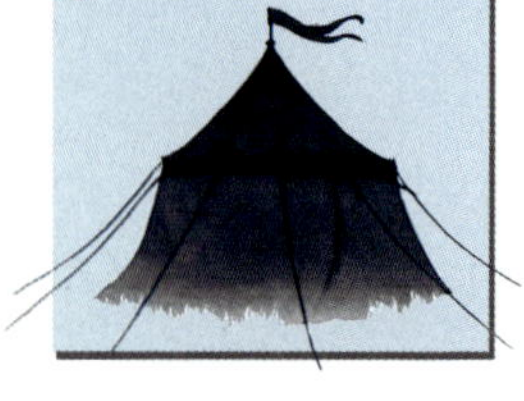

La multitud s'havia reunit
al voltant de tendes de campanya
decorades amb gran luxe.
S'havien preparat esplèndids **pavellons**,
amb ornaments d'or i pedres precioses,
per als reis que presidien la cerimònia:
Artús de Logres i Marc de Cornualla.

Els terres i les parets eren coberts
de catifes i tapissos teixits a mà pels millors artesans.
Múltiples fogueres resplendien a la planura.
Era un festival de colors, olors i sons.

Els joglars cantaven i recitaven
acompanyats de les seves **cítares** i arpes.
Nobles i cavallers passejaven amb les seves dames,
mentre els deien paraules d'amor.

Una **cítara** és un instrument de corda que tocaven els joglars.

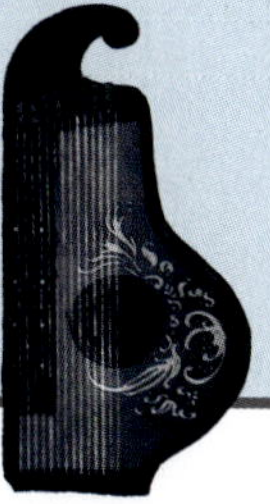

Per arribar a la Planura Blanca,
calia travessar un riu
que separava els regnes de Logres i Cornualla.
Les barques en què viatjaven Isolda, Marc
i el seu seguici es començaven a veure a la llunyania.

El rei Artús i els seus cavallers saludaven
els cornuallesos que anaven arribant.
Prop del riu, en una petita elevació del terreny,
hi havia un pobre pelegrí
que es cobria amb una capa vella.
Duia un **bol** de fusta a la mà i demanava almoina
amb una veu aguda i llastimosa.
Ningú no sabia que el pelegrí era Tristany disfressat.

Un **bol** és un recipient semblant a una tassa, però sense nansa.

Les barques de Cornualla s'acostaven.
Abans de desembarcar,
Isolda va preguntar als cavallers que l'envoltaven:

—Senyors, com podré arribar a terra
sense embrutar-me el vestit amb aquest fang?

Un dels cavallers es va dirigir al pelegrí:

—Amic, recull la teva capa
i transporta la reina fins a la riba.

Aleshores, Tristany va prendre Isolda en braços.
Ella li va dir a l'orella:

—Estimat, fes veure que caus a prop de la riba.

Així ho va fer.
El jove va fingir que ensopegava i va caure,
però sense deixar de sostenir la reina.

Escuders i cavallers el van insultar per haver badat.

—Deixeu-lo en pau! -va dir Isolda-.
Sens dubte, el pelegrinatge el deu haver debilitat.

I, com a mostra d'agraïment,
va donar una agulla de pit al pelegrí.

Davant el pavelló del rei Artús,
al damunt d'un coixí de seda,
hi havia les santes **relíquies**
sobre les quals Isolda havia de fer el jurament.

Una **relíquia** és un tros de roba o una part del cos d'un sant.

La reina es va treure els rics vestits
i les joies que portava
i va ordenar que ho donessin tot als captaires.

Vestida únicament amb una túnica,
i amb els peus i els braços sense cap ornament,
va avançar cap als reis.

La multitud ho observava tot en un silenci respectuós.

Al costat de les relíquies
hi havia un braser encès.
Isolda havia d'introduir-hi les mans
per demostrar la seva innocència.
Si era innocent, no es cremaria.

Amb el rostre tens i la mirada serena,
va estendre la mà dreta cap a les relíquies i va dir:

—Senyors, juro per aquestes sagrades relíquies
que mai un home no m'ha tingut
entre els seus braços,
excepte el meu senyor Marc
i el pobre pelegrí que acaba de traslladar-me a la riba.

—Que Déu us jutgi ara, senyora! –va dir el rei Artús.

—Amén –va corejar la multitud.

Isolda es va acostar al foc que cremava al braser.
La seva llarga cabellera, rossa com l'or,
resplendia al sol.

El silenci era absolut.
Aleshores va enfonsar les mans a les brases,
va agafar una barra de ferro roent
i va fer nou passes.
Després la va llençar i va posar els braços en creu,
mostrant els palmells de les mans.
No hi havia cap senyal de cremada.

La multitud va elevar un crit de lloança a Déu.
La reina havia demostrat que era innocent.

10

Isolda la de les Blanques Mans

Tristany va decidir abandonar el regne
a la recerca d'aventures.
Però abans va voler castigar els barons.

Durant un temps,
ell i Gorvenal es van amagar a la casa d'Orri,
el vell guardaboscos.
Vigilaven els moviments dels seus enemics dia i nit.
Quan va considerar que l'ocasió era favorable,
Tristany els va atacar.
L'un rere l'altre van morir sota els seus cops.

Després, Tristany i Gorvenal
van abandonar Cornualla.

Van viure incomptables aventures,
travessant països i mars,
i van servir molts nobles i també els reis
d'Espanya i d'Alemanya.

Durant dos anys, el jove no va tenir notícies d'Isolda,
que continuava a Tintagel, a Cornualla.
Sentia una tristesa infinita,
perquè creia que la noia l'havia oblidat.

Un dia, cavalcant en companyia de Gorvenal,
Tristany va arribar a Bretanya.
Van recórrer camps abandonats i pobles cremats,
i al cap de tres dies van trobar un camperol
que, en veure'ls, va intentar amagar-se.

Com que va veure que no podia fugir,
el pobre home es va agenollar davant d'ells
i va suplicar que no el matessin.
Li van preguntar què havia passat
i els va respondre tremolant de por:

—Senyors, sou a Bretanya,
la terra del duc Hoel i el seu fill, el noble Kaherdí.
Abans era una terra rica.
Les collites eren abundants,
hi havia prats verds per al bestiar,
molins, pomeres i molts pobles.

Ara tot s'ha perdut per culpa de la guerra
entre Hoel i el comte Riol de Nantes.
El malvat Riol ho ha cremat i destrossat tot.

—I quin ha estat el motiu d'aquesta guerra?
-va preguntar, interessat, Tristany.

—Us ho diré ara mateix, senyor:
el duc Hoel té una filla bella entre les belles,
i el comte Riol s'hi volia casar.
Però Hoel no hi va accedir,
i el malvat comte pretén endur-se-la a la força.
Al duc, només li queda el castell de Carhaix.
Allí resisteix amb les tropes que encara li són fidels.

—És gaire lluny d'aquí, el castell de Carhaix?
-va demanar Tristany.

—A tan sols dues **milles**, senyor.
-va respondre el camperol.

Una **milla**
és una unitat
de longitud
que equival
a uns 1.690 m.

Tristany i Gorvenal es van acomiadar d'aquell home
i es van dirigir cap al castell.
Quan hi van arribar, es van presentar al duc.
Hoel era un home ja gran, però fort.

—Sóc Tristany de Leonís,
nebot del rei Marc de Cornualla -va dir el noi–.

L'**escuder** era la persona encarregada d'acompanyar i servir un cavaller.

Aquest és Gorvenal, el meu fidel **escuder**.
Sé que esteu en guerra amb el comte Riol,
i vinc a oferir-vos els meus serveis.

Hoel es va mostrar molt agraït,
però va explicar a Tristany
que la situació era desesperada.

Gairebé no quedaven aliments
i estaven a punt de rendir-se.
Els enemics, que eren a només tres milles,
preparaven l'atac final.

Hoel i el seu fill van acceptar l'ajut de Tristany.
Kaherdí el va acompanyar a l'habitació
que li havien preparat.
Després, li va presentar la seva mare
i la seva germana,
la més bella de les noies bretones.
Estava teixint un bonic tapís,
i s'hi van acostar per admirar-lo de prop.

—Certament, germana, amb raó t'anomenen
Isolda la de les Blanques Mans –va afirmar Kaherdí.

Tristany, en sentir que també es deia Isolda,
la va mirar amb tendresa
i va somriure amb malenconia.

L'endemà, Tristany, Kaherdí
i una dotzena de joves cavallers van sortir del castell.
Es van amagar en un bosc
proper al campament enemic,
van robar una carreta plena de queviures
que ningú no vigilava i van tornar.

A partir d'aquell dia atacaven l'enemic diàriament,
de vegades amb accions molt arriscades.

Destrossaven tendes de campanya,
robaven i agredien els homes de Riol,
i en van ferir i matar molts.

Kaherdí i Tristany de Leonís es van convertir
en amics inseparables.
Sovint, Kaherdí li parlava
de les virtuts de la seva germana,
Isolda la de les Blanques Mans.
Però Tristany no deixava de pensar en l'altra Isolda,
la seva estimada, la dels Cabells d'Or,
tot i que creia que la noia l'havia oblidat.

Davant els continus atacs dels homes de Kaherdí,
Riol i el seu exèrcit van acabar retirant-se.
Però encara es van enfrontar en una batalla final,
en la qual el germà del comte Riol
va atacar el fill de Hoel i va estar a punt de matar-lo.

Per sort, Tristany se'n va adonar a temps
i va aconseguir salvar-li la vida.

Després, Tristany de Leonís
va haver d'enfrontar-se al comte,
i el va ferir greument.
Finalment, Riol i les seves tropes es van rendir.
La guerra havia acabat.

Els vencedors van tornar al castell de Carhaix,
i Kaherdí va parlar amb el seu pare:

—Senyor, devem la victòria i la meva vida a Tristany.
No hi ha cap cavaller tan valent com ell.
Hauríem d'intentar retenir-lo. Bretanya el necessita.
Oferiu-li la mà de la meva germana.

La idea va agradar a Hoel, el senyor de Bretanya,
i als seus homes de confiança.
Va cridar Tristany i li va dir:

—Amic, us dec tot el que tinc.
Heu salvat el meu fill de la mort
i heu defensat les meves terres.
Aquí teniu Isolda la de les Blanques Mans.
Preneu-la, jo us l'entrego en senyal d'agraïment.

—I jo la prenc, senyor –va respondre Tristany.

Per què va acceptar? Mai no ho sabrem.
El noi no podia imaginar les tristes conseqüències
que tindria aquesta decisió.

Es va fixar el dia del casament
i es va preparar una celebració extraordinària.
La cerimònia va reunir tot el poble de Bretanya,
desitjós de festejar la boda de la filla de Hoel
amb l'heroi vencedor del comte Riol.

Isolda la de les Blanques Mans somreia a tothom.
Era immensament feliç.
S'havia enamorat de Tristany
la primera vegada que l'havia vist,
i ara es convertiria en la seva esposa.

El jove, però, no podia oblidar la seva altra Isolda,
tot i que ho havia intentat.
Un dolor li oprimia el cor.
Els convidats veien que Tristany estava seriós,
però creien que era perquè el preocupaven
les seves responsabilitats.

El banquet va durar fins a altes hores de la nit.
Després, els noucasats es van retirar al dormitori.
Tristany es va començar a treure la roba,
i del dit li va caure l'anell que la reina Isolda
li havia donat al bosc de Morois.

Llavors es va adonar que, amb aquell casament,
havia traït la seva estimada.
I es va compadir de la seva esposa,
que desconeixia l'amor del jove per l'altra Isolda.
En mala hora l'havien estimat totes dues.
Tristany es va sentir infeliç en pensar-hi.

Quan els esposos eren al llit,
la noia li va preguntar amb timidesa:

—Estimat, que potser t'he ofès d'alguna manera?
Per què ni tan sols no em beses?
Digues-m'ho, perquè sàpiga en què m'he equivocat.

Tristany no s'atrevia a dir-li la veritat
i es va inventar una estranya història:

—Isolda, no t'enfadis,
però vaig fer una promesa.
Fa poc, en un altre país,
vaig lluitar contra un poderós drac.
A punt de morir, vaig pensar en Déu.
Li vaig prometre que, si derrotava la bèstia,
quan em casés no abraçaria ni besaria la meva esposa
durant el primer any.

—Aleshores –va respondre Isolda–
esperaré fins que es compleixi el termini.

L'endemà, quan les donzelles
li van ajustar la **toca** de les casades,
la noia va somriure tristament.
Pensava que no tenia dret a lluir aquell adorn
ja que continuava essent verge.

Els dies passaven, i cada nit Tristany dormia
amb la seva esposa però no feien l'amor.

Un matí fred de tardor, Isolda, Kaherdí i Tristany
van sortir a passejar a cavall.

Tots tres conversaven molt animats.
De sobte, el camí es va fer més estret,
i Isolda i el seu germà es van posar
uns quants metres davant de Tristany.
La nit anterior havia plogut.
El cavall d'Isolda va relliscar en un bassal
i unes gotes d'aigua van esquitxar
una de les cuixes de la noia.

Ella va fer un crit de sorpresa
i després es va posar a riure sense poder parar.
Kaherdí es va estranyar
del riure de la seva germana
i li va preguntar:

—Bella germana, de què rius?

Una **toca** és
una peça de roba
cenyida al rostre,
amb la qual
les monges
es cobreixen
el cap.
Antigament,
també la usaven
les vídues
i algunes casades.

—De res, germà, són ximpleries meves
–va respondre Isolda,
que de sobte havia deixat de riure.

Però Kaherdí va insistir i, finalment,
la innocent Isolda li va explicar:

—Quan l'aigua del bassal m'ha esquitxat la cuixa,
he tingut un pensament divertit:
«Aigua –m'he dit–, ets més atrevida que el meu marit,
que mai no ha arribat tan amunt.»

Una sospita terrible va sacsejar Kaherdí,
i va fer que Isolda li expliqués la veritat.

Ella no volia fer-ho, però al final li ho va confessar:
malgrat la seva boda amb Tristany,
continuava essent verge.

En aquell moment va arribar Tristany,
i tots tres van reprendre el camí en silenci.
Quan van trobar una cabana de caçadors,
s'hi van aturar per descansar i menjar una mica.
Kaherdí, que estava furiós,
va descavalcar i es va allunyar **rondinant**.
Tristany, estranyat per la seva actitud, el va seguir.
Quan eren lluny d'Isolda,
Kaherdí li va demanar explicacions:

Es diu que una persona **rondina** quan, pel seu empipament, diu paraules mal pronunciades o entre dents.

—Isolda m'ha explicat la veritat de la vostra relació.
Em pensava que eres el meu amic
i el meu company fidel.
Però has menyspreat la meva germana
i has ofès la meva família.
Et desafio a un duel.

Tristany li va contestar:

—Tens raó, la meva arribada a la vostra terra
us ha portat la desgràcia.
T'explicaré la meva trista història,
ja que ets el meu amic,
el meu germà i el meu company.
Potser així el teu cor es calmarà.

»Has de saber que estimo una altra Isolda,
la reina de Cornualla.
És la més bella de totes les dones.

I li va explicar la seva història,
sense oblidar-ne cap detall.

—...i per això no puc unir-me a cap altra dona
–va concloure Tristany–, encara que sigui tan bonica
i m'estimi tant com la teva germana.

Kaherdí l'escoltava, atent i sorprès.

Mentre Tristany parlava,
sentia que la seva còlera es calmava.
Quan el jove va acabar la seva història, li va dir:

—Amic, ara no et puc respondre.
Tornem al castell de Carhaix.
D'aquí a tres dies et diré què penso
sobre tot el que m'has explicat.

Mentrestant, a Tintagel,
la reina continuava sospirant per Tristany.
Feia més de dos anys que se n'havia anat,
però ella n'estava tan enamorada com el primer dia
i ho hauria fet tot a canvi de rebre notícies seves.

Un matí que Isolda estava tocant l'arpa
i cantant tristes cançons d'amor,
un cavaller va arribar a la cort.
Venia de Bretanya i portava notícies.
Li va explicar que Tristany s'havia casat
amb Isolda la de les Blanques Mans,
la filla del duc Hoel.
Isolda va sentir com se li trencava el cor.
L'havia perdut per sempre.
Va inclinar el cap i va començar a plorar.

A Bretanya, Kaherdí havia estat meditant
sobre la confessió del seu amic Tristany.

Passats els tres dies, el va cridar i li va dir:

—Amic meu, la teva situació
et fa mal a tu i a la meva germana.
Escolta la meva proposta:
navegarem junts fins a Tintagel.
Podràs tornar a veure la reina
i sabràs si encara t'estima.
En cas contrari, potser llavors
podràs estimar la meva dissortada germana.

Tristany es va emocionar
en sentir-lo parlar així i li va dir:

—El teu cor val més que tot l'or d'un regne.

I junts van emprendre el viatge a Tintagel.
Un cop allí, Tristany va poder veure en secret
la seva estimada Isolda i parlar amb ella.
I va comprovar que continuava estimant-lo,
tant com ell l'estimava.
Així, aquestes visites tan sols van servir
per augmentar la tristesa de tots dos joves
quan Tristany va haver de tornar a Bretanya.

11

La mort

Al cap de poc temps de ser novament a Bretanya,
Tristany va haver de combatre contra el baró Bedalís,
un vell enemic del duc Hoel.
Un dia que el noi cavalcava tot sol
per les terres de Bedalís,
els set germans del baró el van envoltar per sorpresa.
Tristany els va matar a tots,
però abans el van ferir amb una llança enverinada.

Malferit, el jove va aconseguir arribar
al castell de Carhaix.
Un cop allí, s'hi van presentar tots els metges,
però no sabien curar-lo.

Malgrat que ho van intentar tot, Tristany no millorava.
El verí s'anava apoderant del seu cos.

Va comprendre que moriria,
però abans desitjava veure per última vegada
Isolda la dcls Cabells d'Or.

Estava massa dèbil per viatjar fins a Tintagel.
Per això va cridar el seu amic, el fidel Kaherdí,
i li va demanar un últim favor:

—Amic, m'estic morint.
Només em manté viu un únic desig:
tornar a veure la meva estimada Isolda.
Si ella sabés que em moro, vindria al meu costat.
Voldries portar-li un missatge?

Kaherdí, commogut pel dolor del seu amic,
li va respondre:

—No ploris més. Compliré el que m'ordenis.

Tristany, tranquil·litzat per la resposta,
va continuar parlant:

—T'ho agrairé eternament.
Agafa aquest anell de jaspi verd.
Quan Isolda el rebi, sabrà que la necessito.

Estic segur que vindrà.
Quan tornis, hissa les veles blanques si ve amb tu.
Si no és així,
que les veles de l'embarcació siguin negres.

Tot es va fer amb el màxim secret,
però Isolda la de les Blanques Mans
es va assabentar dels plans del seu marit.

S'havia amagat i havia sentit tota la conversa.
Així va descobrir que estimava una altra dona,
i es va preparar per a la venjança.

Kaherdí va iniciar el viatge cap a Tintagel
seguint les instruccions de Tristany.
Després de navegar durant vuit dies i vuit nits,
al novè dia va arribar a port.

Va fingir ser un mercader
i va anar a demanar permís al rei Marc
per poder comerciar a les seves terres.

La reina era al costat del seu espòs
i Kaherdí va aconseguir
que es fixés en l'anell de jaspi verd.
En veure'l, Isolda va inventar una excusa
per parlar amb ell a soles.
Aleshores, el jove li va explicar la situació:

—Senyora, Tristany està moribund.
Va ser ferit per una llança enverinada.
Desitja veure-us per última vegada.
Em va demanar que us recordés
les alegries i les penes que heu viscut junts.
Conserveu aquest anell.

En conèixer la trista notícia,
Isolda va estar a punt de desmaiar-se i va contestar:

—Amic, us seguiré.
Tingueu preparada la nau demà a primera hora.

Al castell de Carhaix,
Tristany anava perdent les forces.
Només el mantenia viu l'esperança
de tornar a veure la seva estimada.
Cada matinada demanava que el portessin
al penya-segat, per observar el mar.

La nau d'Isolda s'anava acostant.
Però, quan ja era pròxima al penya-segat,
es va aixecar un fort vent de tempesta.
Colpejava l'embarcació amb tanta força,
que la feia girar sobre si mateixa i li impedia avançar.
El cel i el mar es van enfosquir
i va començar a caure una intensa pluja.
El capità no podia controlar el vaixell.

Isolda va exclamar:

—Pobre de mi! Déu no vol que visqui
per poder veure el meu Tristany un cop més;
vol que mori en aquest mar.
La mort no m'importa, l'accepto.
Però, estimat, quan ho sàpigues moriràs, ho sé.

»Volia morir als teus braços
i ser enterrada al teu costat, però no podré.
Moriré sola i desapareixeré enmig del mar.

Així gemegava la reina,
mentre va durar la tempesta.
Finalment, al cap de cinc llargs dies,
la tormenta va cessar.
Kaherdí va hissar la vela blanca al pal
perquè Tristany veiés de lluny
que la seva estimada era a la nau.

Però el noi estava tan dèbil
que ningú no s'atrevia a moure'l,
de manera que no sortia del castell.
Isolda la de les Blanques Mans
no s'apartava del seu costat.
Quan la vela blanca va aparèixer a l'horitzó,
va decidir venjar-se.
Es va acostar al **jaç** de Tristany i li va dir:

Un **jaç** és un llit o qualsevol cosa disposada per jeure-hi al damunt.

—Estimat, Kaherdí ja arriba.
He vist la seva nau.
Espero que haig trobat el remei per al teu mal.

Tristany es va estremir:

—Estàs segura que és la seva embarcació?
De quin color és la vela?

Isolda, mentint, li va dir que la vela era negra.

Llavors el noi es va girar cap a la paret i va dir:

—No puc continuar vivint.

Tot seguit va repetir tres vegades:

—Isolda, estimada meva!

Va intentar dir-ho un cop més,
però llavors va morir.

Quan Isolda va desembarcar,
va sentir crits i laments pertot arreu.
Les campanes d'esglésies i capelles tocaven
per anunciar que algú havia mort.
Va preguntar què passava
i un ancià li va explicar que tocaven per Tristany.

La jove es va dirigir ràpidament cap al castell,
acompanyada de Kaherdí.
La gent es meravellava en veure-la,
perquè mai no havien vist una dama tan bella.

Isolda la de les Blanques Mans
era al costat del cadàver.
Embogida pel mal que havia causat,
feia uns crits angoixants.

La reina Isolda va entrar a l'habitació.
Serena, però en un to ferm, li va parlar així:

—Senyora, aixequeu-vos i deixeu que m'hi acosti.
Tinc més dret que vós a plorar-lo,
perquè ningú no l'ha estimat més que jo.

Es va ajeure al costat de Tristany i li va besar la boca.
Després el va abraçar tendrament.
Sentint que es moria,
les seves darreres paraules van ser:

—Ni tu sense mi, ni jo sense tu.

Quan el rei Marc va rebre la notícia
de la mort de la seva esposa, va viatjar a Bretanya.
Va demanar que posessin els dos cadàvers en fèretres
i se'ls va endur a Tintagel en la seva nau.

Allí va ordenar que els enterressin en dos sepulcres,
a tots dos costats d'una capella.
Durant la nit, de la tomba de Tristany
va sorgir un esbarzer florit i de fortes branques.
De la d'Isolda, va néixer un roser.

L'esbarzer es va elevar per damunt de la capella
i va abraçar amorosament el florit roser.
Les gents del lloc els van tallar,
però, l'endemà, havien renascut,
verds, florits i vivaços.
Tres cops els van arrancar, però va ser **debades**.
Llavors el rei va manar que no els tallessin mai més.

Debades
vol dir en va,
inútilment,
sense cap efecte.

I tu, com ho veus?

1 Però, on som?

a) En la llegenda de Tristany i Isolda apareixen reis, barons, cavallers, escuders...
En quina època creus que se situa l'acció?

b) En l'edat mitjana hi havia molts regnes petits que sovint estaven en guerra amb els seus veïns.
Observa el mapa i digues on regnaven els monarques següents i si eren amics o enemics.

Rivalèn	Gormó	Marc	Artús

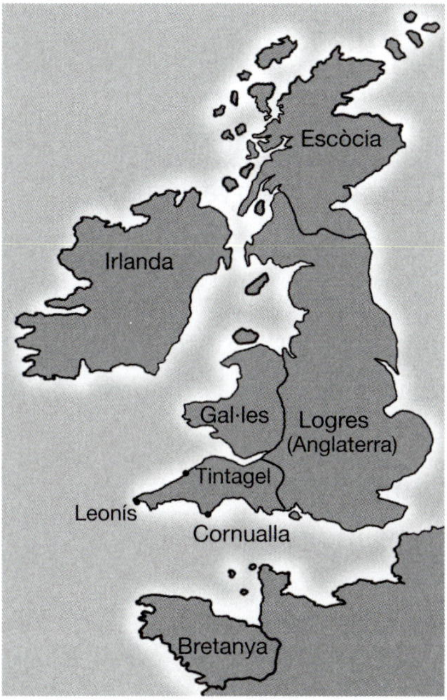

2 La vida en l'edat mitjana

a) Tristany i Isolda vivien en castells.
Creus que el seu castell devia ser més còmode que casa teva?
Pensa si tenien electricitat, aigua corrent, nevera, calefacció, televisió...

b) Quines altres coses han canviat respecte a la manera de viure de l'edat mitjana?

3 L'educació

a) Compara l'ensenyament que rep Tristany amb les matèries que tu estudies.
Què et sembla més útil? Raona-ho.

b) Què en penses, del fet que ni les noies ni els camperols no poguessin accedir a l'ensenyament?

c) A Catalunya, i a tot Espanya, l'ensenyament és obligatori tant per a nois com per a noies fins als setze anys.
Et sembla una mesura positiva o negativa? Per què?

d) Hi ha llocs on els infants no tenen mitjans per anar a l'escola i han de treballar per mantenir la seva família. Què en penses?

4 Guerra i pau

a) En l'edat mitjana, els exèrcits estaven formats per homes a cavall (els cavallers) que lluitaven amb escut, llança i espasa.
Els cavallers servien un senyor i tenien un codi de l'honor molt estricte.
Quina relació creus que té això amb l'expressió «ser un cavaller»?

b) Actualment, quines armes tenen els exèrcits?
Creus que, si en les guerres d'avui dia es lluités com en l'edat mitjana, s'hi produirien tantes desgràcies?

c) Per mantenir la pau entre Cornualla i Irlanda, cada any els cornuallesos havien d'entregar tres-cents nois i tres-centes noies al rei irlandès.
Creus que avui es podria solucionar un conflicte d'aquesta manera?
Realment era una solució? Per què?
Què hauries fet si haguessis estat en el lloc de Tristany?

5 L'amor, el matrimoni i la família

a) Existeixen actualment els matrimonis per compromís o d'Estat, per segellar algun pacte?
Què opines d'aquest tipus de matrimoni?

b) En algunes cultures, és habitual que els pares triïn la futura parella del seu fill o filla.
Què en penses, del fet que les persones no siguin lliures de casar-se amb qui vulguin?

c) Per què Isolda prefereix Tristany, que ha mort el seu oncle Morholt, abans que Aguinguerran el Roig?

d) Existeixen els filtres d'amor?
Busca el fragment en què es descriuen els seus efectes i raona si cal una poció màgica perquè es produeixin aquests símptomes.

e) Isolda s'enamora de Tristany creient que és un joglar anomenat Tantrís, però, quan sap que ha matat el seu oncle, el seu amor es converteix en odi.
Creus que, per fidelitat a la família, és possible renunciar a algú a qui s'estima?

6 L'amistat, la fidelitat i la venjança

a) Per ajudar Isolda, Brangiana, la seva donzella i amiga, s'ofereix a ocupar el seu lloc al llit, ja que ella sí que és verge. Creus que és una bona acció?

b) Gorvenal deixa la seva vida a palau per acompanyar i protegir Tristany i Isolda en la seva desventura. Et sembla una opció responsable?

c) Kaherdí també demostra ser un bon amic quan va a buscar Isolda, malgrat que és la rival de la seva germana. En algun moment de la teva vida has hagut de fer alguna cosa compromesa per beneficiar algun amic o amiga, sabent que podies perjudicar una altra persona? Ha estat una decisió fàcil de prendre? Per què?

d) Quan Isolda la de les Blanques Mans descobreix l'engany, decideix venjar-se. Com hauries actuat, tu, en una situació així? Creus que és just el que fa la noia? I el que va fer Tristany, casant-se amb ella sabent que mai no l'arribaria a estimar?

7 La salut i la malaltia

a) L'espasa de Morholt estava enverinada, i, per això, Tristany va emmalaltir i cap metge de la cort no el va saber curar. En canvi, Isolda el va sanar amb plantes medicinals. Avui dia hi ha una tendència a tornar a la medicina popular i deixar de banda la medicina convencional, la dels metges. Creus que és una actitud prudent o trobes que seria millor combinar tots dos sistemes?

b) Abans, als pobles, la gent gran sabia remeis casolans per curar algunes malalties lleus. Coneixes alguns d'aquests remeis casolans, per exemple per curar el mal de coll?

c) Actualment, l'homeopatia i altres medicines alternatives acompleixen aquesta funció. En coneixes cap especialista? Quina classe de remeis donen?

d) Contemplant l'escena de la foguera hi ha una gentada i, una mica allunyat, un grup de leprosos. Aquests havien d'avisar de la seva arribada perquè la gent s'apartés, ja que la lepra era considerada una malaltia molt contagiosa. Eren tractats com a gossos, sense dret a res. Avui, la lepra està eradicada dels països rics, però encara existeix en alguns països pobres. Què creus que es podria fer per la gent que la pateix?

8 La mort

a) Saps cap història, poema o cançó en què es faci referència a l'amor i la mort? Quina?

b) El rei Marc condemna Tristany i Isolda a morir a la foguera. Actualment, a la majoria de països civilitzats ja no existeix la pena de mort, però en alguns encara es manté. Quins països coneixes en els quals és vigent la pena de mort? Com s'aplica?

c) Com mor Isolda?
Creus que es pot morir d'amor?
Creus que Blancaflor, la mare de Tristany, també es va morir d'amor?

9 Elements fantàstics i miraculosos

a) Tristany lluita contre un monstre que és descrit així:
«Tenia el cap d'un enorme escurçó, els ulls vermells com el foc, dues banyes al front, orelles llargues i peludes, urpes de lleó, cua de serp i el cos cobert d'escates.»
A més, aquest monstre vomitava foc i verí.
Creus que existeix o ha existit mai un animal semblant?

b) En la literatura surten molts dracs i monstres terribles.
Digues el títol de llibres, contes o pel·lícules en què apareguin bèsties similars.

c) Quin altre cavaller medieval va lluitar contra un drac?

d) Quines diferències hi ha entre la llegenda de Sant Jordi i la de Tristany i Isolda?

e) Tot i que Isolda va dir la veritat en afirmar que tan sols havia estat en braços del rei i del pelegrí (que era Tristany), creus possible que no es cremés les mans si el ferro era roent?

f) La lluna plena fa un paper molt important a favor dels amants.
Digues en quines situacions compromeses els salva.

Índex

Castellnou
EDICIONS